Die Prinzessin Girnara

Weltspiel und Legende

Jakob Wassermann

Alpha Editions

This edition published in 2022

ISBN : 9789356900899

Design and Setting By
Alpha Editions
www.alphaedis.com
Email - info@alphaedis.com

Contents

PERSONEN

DER KÖNIG
DIE PRINZESSIN GIRNARA
PRINZ SIHO
DER ERSTE RITTER
DER ZWEITE RITTER
DER WÜRDENTRÄGER
DER HÖFLING
SCHÖNE DAME
FRÄULEIN
DER PILGER
HAUSMEIER
DER MAGIER
ERSTER DIENER
ZWEITER DIENER
STIMME DES SÄNGERS
STIMME DES TORWARTS
DIE ALTE DIENERIN
DIE JUNGE DIENERIN
DIE SCHWARZE SKLAVIN
DER FREUND
DER DÄMON ALS HUND
DER DÄMON ALS FLEDERMAUS
DER DÄMON MIT DEM SPIEGEL
GEISTERSTIMME
DER SIEGREICH-VOLLENDETE

WELTSPIEL

Saal. Hinten Säulenhalle. Vorn, nicht sichtbar, Galerie. Gedeckte Tafel.

STIMME DES PILGERS:

Gib Kunde von dir, Lebendige in der Finsternis!

HAUSMEIER:

Ihr könnt die Lichter jetzt anzünden!

ERSTER DIENER:

Schon kommen die Spielleute: Fiedel, Flöte, Trommel und der Sänger.

ZWEITER DIENER:

Der Wein ist in die Krüge gegossen.

ERSTER DIENER:

Der Koch läßt melden, er tue die Fische in die Pfanne.

HAUSMEIER:

Daß ihr leise auftretet und die Augen niederschlagt.

DER ERSTE RITTER:

Niemand hat die Prinzessin Girnara je gesehen.

DER ZWEITE RITTER:

Man weiß nicht mehr von ihr als ihren Namen.

HAUSMEIER:

Daß ihr behutsam die Schüsseln haltet und die Brühe nicht verschüttet!

HÖFLING:

Im Schloß der sieben Türme, am Gestade des Geiersees hat sie geweilt von Geburt an.

WÜRDENTRÄGER:

Der König in seiner Weisheit hat sie der Welt entzogen.

EIN FRÄULEIN:

Sprecht, warum ist es geschehen?

WÜRDENTRÄGER:

Die Weisheit des Königs hat es beschlossen.

DER ERSTE RITTER:

Niemand kennt den Grund.

SCHÖNE DAME:

Hat sie die Sonne je erblickt, hat sie Blumen gepflückt im Garten?

DER ZWEITE RITTER:

Sie hat nie die Sonne geschaut, nie Blumen im Garten gepflückt.

SCHÖNE DAME:

Und die heimliche Hochzeit mit dem fremden Edelmann, warum dies?

FRÄULEIN:

Warum die heimliche, hastige Hochzeit mit dem Unbekannten, der kein Land beherrscht?

WÜRDENTRÄGER:

Die Weisheit des Königs hat es beschlossen.

SCHÖNE DAME:

Er hatte kein Feierkleid, kein Pferd und keine Diener.

HÖFLING:

Er war arm wie einer der Geringsten, doch mutig in der Schlacht.

HAUSMEIER:

Daß die Spielleute nicht lärmend ihre Instrumente stimmen!

ERSTER DIENER:

Sie harren auf das Zeichen zum Beginn.

DER ERSTE RITTER:

Wo ist der Eidam des Königs? Empfängt er die Geladenen nicht?

SCHÖNE DAME:

Empfängt er nicht seine Gäste, wie es der Brauch?

HAUSMEIER:

Daß sich die Trommel bescheiden aufführt!

FRÄULEIN:

Wird die Prinzessin an seiner Seite erscheinen?

HÖFLING:

Er geht traurig umher und meidet die Blicke der Menschen.

HAUSMEIER:

Daß die Pastetchen warm auf die Tafel kommen!

STIMME DES PILGERS:

Gib Kunde von dir, Lebendige in der Finsternis!

WÜRDENTRÄGER:

Wer ist es, der so schreit?

HAUSMEIER:

Schafft ihn fort, den Schreier!

ERSTER DIENER:

Ein frommer Pilger, hat Speise begehrt.

STIMME DES PILGERS:

Nimm an die Lehre, Wahnbeladene, in deiner Brunnentiefe!

HAUSMEIER:

Schafft ihn fort, den Schreier, sag' ich!

DER ZWEITE RITTER:

Noch immer ist der Eidam des Königs nicht unter seinen Gästen.

DER ERSTE RITTER:

Dort naht er, sieht aus wie einer, der schuldbewußt ist.

DER ZWEITE RITTER:

Wie einer, den Verhängnis bedrückt.

HÖFLING:

Wie einer, der nichts von Freude weiß.

SCHÖNE DAME:

Ohne die Prinzessin ist er gekommen.

FRÄULEIN:

Sieht aus wie einer, der unrechtes Gut verbirgt.

HAUSMEIER:

Die Spielleute sollen anfangen zu spielen!

SCHÖNE DAME:

Er führt die Gattin nicht zum Feste.

FRÄULEIN:

Die Herrin wohnt im Hause und tritt nicht hervor?

HÖFLING:

Niemand darf ihren Gemächern nahen.

ERSTER RITTER:

Es ist verboten, dem obersten Gewölbe zu nahen.

WÜRDENTRÄGER:

Wir grüßen den Eidam des Königs!

ERSTER UND ZWEITER RITTER:

Prinz Siho, wir grüßen dich!

DER SÄNGER:

Willkommen, Fremdling, der unser geworden ist!

HAUSMEIER:

Der Vollendete segne deine Schritte!

SIHO:

Euch alle grüß' ich von Herzen!

WÜRDENTRÄGER:

Das frohe Mahl wartet deiner.

HAUSMEIER:

Leckerbissen aller vier Jahreszeiten.

SCHÖNE DAME:

Traulich spielen die Spielleute.

FRÄULEIN:

Die Fiedel schluchzt wie die Nachtigall im Mangohag.

SIHO:

Laßt uns zu Tische gehen.

DER FREUND:

Hör' mich an, bevor du dich zu ihnen setzest.

DER ERSTE RITTER:

Schwermut verdunkelt seine Stirn.

SIHO:

Sag' es in wenigen Worten.

DER ERSTE RITTER:

Er hat die Prinzessin nicht zum Feste geführt.

DER ZWEITE RITTER:

Er hält uns ihres Anblicks für unwert.

DER FREUND:

Sie murren, weil du die Prinzessin nicht zum Feste geführt.

SCHÖNE DAME:

Vielleicht ist sie so schön, daß er sie aus Eifersucht verbirgt.

SIHO:

Darüber sprich nicht, und jene laß murren und fragen.

FRÄULEIN:

Vielleicht schämt er sich ihrer, vielleicht ist sie mißgestaltet und von roher Sitte.

DER MAGIER:

Im schlimmen Kreise steht ihr, im Bogen des Unheils!

DER FREUND:

Sie flüstern böse, die Neugier macht sie gemein.

DER ERSTE RITTER:

Man sollte es ergründen; fragt ihn, warum er allein zum Feste kommt.

SIHO:

Bitter ist es, vor dir schweigen zu müssen.

DER FREUND:

Hüte dich; ein Widersacher ist unter ihnen.

DER ZWEITE RITTER:

Er lädt Gäste zum Mahl und beleidigt sie.

SCHÖNE DAME:

Wo mag die Prinzessin weilen?

FRÄULEIN:

Mich quält die Begierde zu wissen, wie sie aussieht.

SIHO:

Bleib' an meiner Seite und schütze mich vor ihren Blicken; sie sind neugierig, sie sind böse.

DER MAGIER:

Einen Spruch will ich sprechen von zwingender Macht, der den Wein entflammt und die Seele verrät.

HAUSMEIER:

Euer Gnaden wird zur Tafel gebeten.

DER FREUND:

Ich bleibe dir zur Seite, fürchte dich nicht!

DER MAGIER:

Aufgedeckt wird das Geheimnis sein, er selbst wird das Verschwiegene künden.

SIHO:

Schön geschmückt ist die Tafel, wir wollen uns niederlassen, Freunde!

DER ERSTE RITTER:

Bist du des Spruches gewiß, so erprobe die Wirkung!

WÜRDENTRÄGER:

Köstlich ist diese Schüssel und lobt ihren Meister, den Koch.

HÖFLING:

Angenehme Geriiche kitzeln den Gaumen.

DER SÄNGER:

Frieden über euch, die ihr genießt die Frucht der Felder und Gaben der Gärten!

SCHÖNE DAME:

Die Stimme des Sängers klingt lieblich und fein.

HAUSMEIER:

Daß der Braten nicht abkühlt! Brote zu reichen vergeßt nicht!

DER ERSTE RITTER:

Den verheißenen Zauberspruch, Magier! Braust du das Wort schon im Hirn?

STIMME DES PILGERS:

Dein Herz schwillt auf in der Finsternis, Leidbegnadete, und sprengt die Mauern des Kerkers!

HÖFLING:

Wer ist dieser, der uns die Süßigkeit des Mahles vergällt?

HAUSMEIER:

Gebot ich euch nicht, ihr solltet ihn von der Treppe jagen?

ERSTER DIENER:

Stumm vernahm er deinen Befehl und ging nicht vom Tor.

ZWEITER DIENER:

Ein frommer Pilger, erfüllt von heiliger Wut.

SIHO:

Prophetenworte, Worte heiliger Wut.

DER FREUND:

Bleich bist du, mein Lieber, bleich ist dein Antlitz.

SIHO:

Prophetenworte, Worte heiligen Grams.

DER FREUND:

Den Spielleuten gib dein Ohr, hör', wie die Flöte vogelhaft singt!

DER ERSTE RITTER:

Sprich deinen Spruch, Magier, ehe wir zweifeln an dir!

DER ZWEITE RITTER:

Liegt es in deiner Gewalt, das Geheimnis uns zu entschleiern, so tu es!

DER MAGIER:

An seinem Gurt, seht ihr den Schlüssel? Wo Männer das Schwert sonst tragen, hängt ihm ein Schlüssel.

ERSTER UND ZWEITER RITTER:

Wir sehen den Schlüssel; erkläre doch, was er soll, was er schließt!

DER MAGIER:

Die eherne Pforte schließt er, hinter der die Prinzessin Girnara einsam vergeht.

HÖFLING:

Was kündest du, Magier? Ich hörte dich nicht.

DER ERSTE RITTER:

Er wird ihn wahren, den Schlüssel, kostbares Gut ist er ihm.

DER MAGIER:

Wenn das Wort der Beschwörung gewirkt hat, gibt er den Schlüssel von selbst.

HÖFLING:

Versprachst du den Schlüssel, Magier, der die eherne Pforte aufschließt?

DER ZWEITE RITTER:

Den Spruch, Magier, den Spruch!

HAUSMEIER:

Sorgsam tragt die Krüge, sorgsam gießt in die Pokale den Wein!

DER SÄNGER:

Freude erblüh' diesem Haus, ein Rasthaus des Glückes sei es!

DER ZWEITE RITTER:

Den Spruch endlich, den Spruch!

DER MAGIER:

Schweigen wird die festliche Runde und jener wird sagen, was ihn beschwert und quält.

STIMME DES PILGERS:

In der Üppigkeit und im Übermut der Genüsse lügen deine Sänger, Volk!

SCHÖNE DAME:

Warum erhebt sich der Fremdling von seinem Sitz, der Magier?

DER FREUND:

Du zitterst vor ihm, dein Auge ist voller Schrecken!

DER ERSTE RITTER:

Still, die Lippen des Magiers formen den bannenden Spruch!

DER MAGIER:

In seine Brust eindringend, bin ich Frage und Antwort zugleich.

FRÄULEIN:

Eine Wolke ist um den Magier, dunkel wird seine Gestalt.

SCHÖNE DAME:

Ich gewahr' ihn nicht mehr, seht, er zerrinnt in der Luft!

HÖFLING:

Seht, der Platz, wo der Magier gewesen ist, ist leer!

FRÄULEIN:

Die Lichter scheinen nicht mehr, im Saale dämmert's.

STIMME DES PILGERS:

Klage, lieblos Unliebender, um dich und die Gattin!

DER WÜRDENTRÄGER:

Warum ist es dunkel im Saale? Zündet noch Lichter an!

SIHO:

Die Lichter wollen nicht brennen, Mauern und Säulen wanken.

DER FREUND:

Halte dich, Lieber, gib mir die Hand!

SIHO:

Siehst du den Magier nicht mehr?

SCHÖNE DAME:

Warum haben die Spielleute aufgehört zu spielen?

FRÄULEIN:

Mir ist Angst, nehmt mir die Angst von der Brust!

DER WÜRDENTRÄGER:

Was bedeutet die Stille? Die Spielleute sollen spielen!

HAUSMEIER:

Warum schweigen die Spielleute? Warum ist der Sänger verstummt?

STIMME DES MAGIERS:

Sprich, der verraten hat, sprich, der verraten ward!

SIHO:

Da ich denn sprechen muß, so hört mich.

DER ERSTE RITTER:

Still, ihr alle, vernehmt, was Prinz Siho kündet!

STIMME DES PILGERS:

Gib Kunde von ihr, der Lebendigen in der Finsternis!

STIMME DES MAGIERS:

Gib Kunde der Welt, Kunde den Freunden, Kunde dir selbst!

DER ZWEITE RITTER:

Seid still und lauscht, was der Eidam des Königs euch kündet!

SIHO:

Uneins mit dem Vater, verstoßen aus meinem Land, kam ich über die Gebirge in dieses. Ich leistete dem König Heeresgefolgschaft, ihr wißt es, und schwor ihm den Treueid.

DER FREUND:

Du hast ihm gedient wie ein Sohn und ein Knecht, sie wissen es.

DER ERSTE UND DER ZWEITE RITTER:

Wir wissen es.

STIMME DES MAGIERS:

Vergissest du, daß dich der Ehrgeiz anfraß und Sorge um ungenügenden Lohn in deinen Nächten brannte?

SIHO:

Der Ehrgeiz fraß mich an und Sorge um ungenügenden Lohn brannte in meinen Nächten.

DER FREUND:

Sie biegen sich über die Tafel; hüte dein Wort, sie essen und trinken nicht mehr vor Begierde, zu hören.

SIHO:

Ein mächtiger Odem befiehlt mir, zu reden.

DER FREUND:

Hüte dein Wort!

SIHO:

Dem König mich zu verbinden sann ich; von der Prinzessin Girnara träumte ich mit wachen und schlafenden Augen.

STIMME DES MAGIERS:

Hast du nicht Eidam des Königs zu werden getrachtet und der Erste beim Thron?

SIHO:

Eidam des Königs wollte ich werden und der Erste beim Thron.

DER ERSTE RITTER:

Ihr vernehmt es alle?

DER ZWEITE RITTER, HÖFLING UND DAME:

Wir haben's vernommen.

DER WÜRDENTRÄGER:

Zündet Lichter an, es ist dunkel geworden.

HAUSMEIER:

Lichter, ihr Faulen, zündet die Lichter an!

ERSTER DIENER:

Verzeiht, ich kann mich nicht von der Stelle rühren.

ZWEITER DIENER:

Herr, die Beine gehorchen nicht mehr deinem Befehl.

HAUSMEIER:

Gnaden, die Zunge lahmt mir im Mund, es ist schlimmer Zauber geschehen.

DER WÜRDENTRÄGER:

Wehe, was geht denn vor?

DER ERSTE RITTER:

Schweigen geziemt sich, wenn der Verirrte den Irrweg bekennt.

STIMME DES PILGERS:

O Leidumbrandete, Angstverwirrte, dir naht der Erhabene bald!

SIHO:

Vom Feldzug kehrt' ich zurück, hatte die Feinde geschlagen, da bot mir der König die Hand der Prinzessin an.

DER ZWEITE RITTER:

Niemand hat die Prinzessin mit Augen je gesehen.

HÖFLING:

Niemand weiß mehr von ihr als ihren Namen.

STIMME DES MAGIERS:

Trankst du den Namen und umgabst ihn mit Ehrgeizflammen, den Namen allein?

SIHO:

Den Namen allein umgab ich mit Ehrgeizflammen und trank ihn wie seligen Trunk und fiel zu des Königs Füßen nieder und küßte dankbar den Saum seines Kleides.

STIMME DES MAGIERS:

Führte er dich in den Tempel der siebzehn Säulen, wo die Verschleierte harrte?

SIHO:

Die Verschleierte harrte im Tempel der siebzehn Säulen und ich sah nicht ihr Antlitz, nicht ihre Hand, und der Priester schloß das ewige Bündnis.

DER FREUND:

Es erschüttert dich das Gedenken, du gibst ihnen Überfülle des Herzens.

SIHO:

Ein mächtiger Odem befiehlt mir zu reden; laß es mich sagen, daß ich des Grauens entledigt werde.

STIMME DES MAGIERS:

Und in der Nacht des obern Gewölbes hast du die Gattin erblickt.

SIHO:

Das Grauen verwehrt mir die Worte. Die Gattin hab' ich erblickt.

STIMME DES PILGERS:

Die Gefangene im obern Gewölbe büßt den Frevel des Vaters, die rasende Untat.

SIHO:

Das Grauen verwehrt mir zu denken, ich kann es nicht denken.

SCHÖNE DAME:

Sprich, wir flehen dich an, und nimm von mir die Qual dieser Stunde!

STIMME DES MAGIERS:

Reiß den Schlüssel vom Gurt und gib ihn denen, die bereit sind, zu schirmen!

SIHO:

Bitt're Gewalt hast du über mich, verborgene Stimme.

DER FREUND:

Löst du den Schlüssel vom Gurt und gibst ihn den Gierigen preis?

DER ERSTE RITTER:

Gib uns den Schlüssel preis, wir wollen das Grauen ermessen.

SIHO:

Hier ist der Schlüssel zum obern Gewölbe, ermeßt die Tiefe des Grauens.

DER ZWEITE RITTER:

Mir überlaß den Schlüssel, zu öffnen die eherne Pforte.

DER ERSTE RITTER:

Nein, ich faßt' ihn zuerst, folge mir nach ins Gewölbe.

SIHO:

Bin ich oder träum' ich? Verriet ich oder ward ich verraten?

DER FREUND:

Bist Opfer von vielen, Opfer von dir und ersehntem Bild.

SIHO:

Entschlossen war ich zur Liebe, Sehnsucht zerbrach am Gräßlichen. Schuld ward gehäuft, die ich nicht wußte, Leiden, das unbekannt. Frei gewesen, bin ich Sklave geworden, echt gewesen, bin ich besudelt, stark gewesen und jetzt ohne Nerv, furchtlos gewesen, nun mit dem Grauen im Blut.

DER FREUND:

Verhängnis fiel über dich.

SIHO:

Wo ist meine Schuld?

STIMME DES MAGIERS:

Schuld ist Blutqual geworden.

SIHO:

Wozu der Traum?

STIMME DES MAGIERS:

Traum war Laster und Lüge.

SIHO:

Stimme ohne Erbarmen!

SCHÖNE DAME, HÖFLING:

Die Ritter sind fortgeeilt.

FRÄULEIN:

Sie sind mit dem Schlüssel ins obere Gewölbe.

STIMME DES PILGERS:

Fahr' ein zur inneren Meeresstille, Neubeseelte!

SIHO:

Stimme des Trostes, wo kommst du her?

DER WÜRDENTRÄGER:

Finsternis würgt mich schon, eure Hand, euern Arm!

STIMMEN DER GÄSTE:

Weh uns! Weh uns!

STIMME DES MAGIERS:

Weh euch! Weh euch!

STIMME DES SÄNGERS:

Weh uns Verlorenen!

STIMME DES PILGERS:

Ist anders das Leben und anders der Leib? Heil dir, Siegreich-Vollendeter!

SIHO:

Wahrerer Traum beginnt. Licht schwillt auf.

STIMMEN:

Weh uns! Weh uns!

FERNE STIMMEN:

Heil uns! Heil uns!

SIHO:

Licht schwillt vom obern Gewölbe her!

FERNE STIMMEN:

Die Erde bebt im Hauch des Erhabenen, Übergewaltigen! Heil dir, Siegreich-Vollendeter!

LEGENDE

Das obere Gewölbe. Kolossales Gemäuer.
Eine einzige Fackel.

DIE JUNGE DIENERIN:

Vergebens ruf' ich nach denen, die mir gehören.

DIE ALTE DIENERIN:

Drei Tage lang sah ich die Sonne in siebzehn Jahren.

DIE JUNGE DIENERIN:

Das Blut will hinaus, hat Meer und Sterne noch nicht vergessen.

DIE SCHWARZE SKLAVIN:

Tief schläft die Herrin.

DIE JUNGE DIENERIN:

Ist nie ein Schlaf; Unheimliches ist es, das droht und schweigt.

DIE ALTE DIENERIN:

Auf dem Weg hieher vom Gestade des Geiersees, da schien die Sonne.

DIE SCHWARZE SKLAVIN:

Die Herrin spricht im Schlaf.

DIE JUNGE DIENERIN:

Ist nie ein Traum; Unheimliches ist es, das droht und flüstert.

DIE ALTE DIENERIN:

Die Arbeit tut! An den Rocken und spinnt! An den Herd und schürt Feuer!

DIE JUNGE DIENERIN:

Gestorben sind die vielleicht, die meines Namens und Bluts.

DIE ALTE DIENERIN:

Bist eingeschworen, darfst an Vater und Mutter nicht denken.

GIRNARA:

Einsam wie vor der Geburt, einsamer noch, seit du kamst.

DIE SCHWARZE SKLAVIN:

Hört ihr es, die Herrin klagt aus dem Schlummer.

DIE JUNGE DIENERIN:

Die Fürchterliche, daß sie nicht ruft und sich zeigt!

DIE ALTE DIENERIN:

Die Arbeit tut! An den Rocken und spinnt, an die Töpfe und kocht!

DIE JUNGE DIENERIN:

Sag' mir eines, du Wissende: Kam sie aus Mutterleib so mit dem fleischlosen Totenhaupt?

DIE ALTE DIENERIN:

Kam aus Mutterleib so. Mit dem fleischlosen Totenhaupt und der gesprenkelten Haut.

DIE JUNGE DIENERIN:

Schauerlich, sie zu sehen! Mensch nicht und Weib nicht und doch mit Stimme und Blick.

DIE ALTE DIENERIN:

Zehntausend Waisen ließ der König erschlagen im sakkischen Eichwald. Daher der Fluch.

DIE JUNGE DIENERIN:

Und half nicht Ahnenmesse und Feueropfer?

DIE ALTE DIENERIN:

Zehntausend Waisen lagen zerschmettert, als die Königin Sirdar in Wehen schrie.

DIE JUNGE DIENERIN:

Daher der Fluch, du Wissende, daher das Grauen.

DIE ALTE DIENERIN:

Ist unabänderlich, nützt kein Murren und Beten.

GIRNARA:

Wann endlich werden Worte schallen, die heilen, wann endlich wird der Abgrund leuchten?

DIE SCHWARZE SKLAVIN:

Hört ihr, die Herrin spricht, seht ihr, sie regt sich.

DIE ALTE DIENERIN:

Fort an den Rocken, fort an die Töpfe, fort an den Herd!

STIMME DES PILGERS:

Gib Kunde von dir, Lebendige in der Finsternis!

DIE SCHWARZE SKLAVIN:

Die Herrin erhebt sich und lauscht. Was begehrst du, Herrin Girnara?

GIRNARA:

Woher das süße Wehen? Woher die tröstliche Stimme?

DIE SCHWARZE SKLAVIN:

Die Wälder riefen mir zu. Die Tiere der Wälder schmeichelten mir im Traum.

DIE ALTE DIENERIN:

Drei Tage lang sah ich die Sonne in siebzehn Jahren.

GIRNARA:

Ein süßes Wehen war, eine tröstliche Stimme.

DER DÄMON ALS HUND:

Aus zehntausend Kinderleichen im sakkischen Eichwald hab' ich die Augen geschlürft.

DIE JUNGE DIENERIN:

Wissende du, was ist dies? Laß mich hinaus! Was ist dies? Mir stirbt die Seele!

GIRNARA:

In die Leidensnacht hat mich der Vater verstoßen, als er die Schuld auf sich lud.

DIE ALTE DIENERIN:

Kann dir nicht auftun das Tor, kein Schlüssel ward mir vertraut.

DIE SCHWARZE SKLAVIN:

O das entfleischte Gesicht! Die gesprenkelte Haut unserer Herrin!

DER DÄMON ALS HUND:

Seelen der Väter und Mütter suchen im sakkischen Eichwald noch immer nach Kinderleichen.

GIRNARA:

Litt ich nicht ohne dich, Stimme der Angst? Schalle doch, tröstliche, wieder!

STIMME DES PILGERS:

Gib Kunde von dir, Lebendige in der Finsternis!

DER DÄMON ALS FLEDERMAUS:

Tiefer hinein den Stachel, tiefer in Dickicht und Nacht!

DER DÄMON MIT DEM SPIEGEL:

Lange nicht brennend genug, herunter, herunter zum Schmerz!

DIE JUNGE DIENERIN:

Wissende du, was ist dies? Ach, mich jammert mein selbst!

DIE ALTE DIENERIN:

Herrin, hast du Befehle? Die beiden vergehen vor Furcht.

GIRNARA:

Wälzt ihr noch Blöcke auf mich, ihr Abgesandten der Schwärze?

DIE ALTE DIENERIN:

Die Armen, sie bohren die Finger in Fugen der Steine. Sieh, sie vergehen vor Furcht!

DER DÄMON ALS HUND:

Schuldige zechen im Saal, Unschuldige wurden gemordet.

DIE ALTE DIENERIN:

An den Mauern grinsen Gespenster, die Luft hat giftige Zungen. Fort!

DIE JUNGE DIENERIN:

Es zischeln die Schatten, brenzlicher Qualm kocht aus den Mauern. Fort!

DIE SCHWARZE SKLAVIN:

Die Herrin hat kein Ohr für uns, Jfrids reden mit ihr. Fort!

STIMME DES PILGERS:

Nimm an die Lehre, Wahnbeladene in deiner Brunnentiefe!

GIRNARA:

Leidbeladene bin ich, mein Leid ist mir Sonne und Mond.

DER DÄMON MIT DEM SPIEGEL:

Dein Haar ist wie Pferdehaar, gesprenkelt ist deine Haut wie das Fell des Tigers.

GIRNARA:

Der mich wählte, hat mich verlassen, der mich gezeugt hat, kennt mich nicht.

DER DÄMON ALS FLEDERMAUS:

Tiefer hinein in den Schmerz, tiefer in hauslose Nacht!

GIRNARA:

Der mich wählte, ist ohne mich zum Fest gegangen. Wessen bin ich schuldig?

DER DÄMON MIT DEM SPIEGEL:

Deine Arme sind Spinnenarme, deine Augen sind wie die Augen der Kröte.

GIRNARA:

Wie erkenn' ich die Schuld? Wer hat mich so verdammt?

DER DÄMON ALS FLEDERMAUS:

Tiefer hinein in die Qual! Tiefer ins Mark des schwärenden Lebens!

DER DÄMON MIT DEM SPIEGEL:

Dein Bildnis halt' ich dir vor, Abscheu den Blinden noch.

GIRNARA:

Gäb' es ein Feuer, auszubrennen die Brust vom Wissen der Welt!

STIMME DES PILGERS:

Leidbegnadete, die Stunde bricht an, wo das Herz sich dehnt bis zur Grenze des Leibes und überschwillt und die Mauer des Kerkers sprengt.

DER DÄMON ALS HUND:

Übelgeborne, dir ist verwehrt, zu sinnen Verwandlung.

GIRNARA:

Ist mir verwehrt, zu sinnen Verwandlung, so will ich mein Leiden lieben und den Siegreich-Vollendeten suchen.

DER DÄMON ALS FLEDERMAUS:

Irdisch-Gefesselte, laß dein Bemühen, denn jener wohnt in unauffindbaren Höhen.

GIRNARA:

Sink' ich zum Grunde nieder, fühl' und umschling' ich das göttliche Wesen.

DER DÄMON MIT DEM SPIEGEL:

Mißgestaltete, hoffe nicht, die Seele ist eingegittert im Fluch.

GIRNARA:

So will ich trotz Kerker und Fessel wandern Meile um Meile, steigen Stufe um Stufe, erfahren Schmerz um Schmerz, alles Elend der Erde, alle Verzweiflung der Herzen, allen Sturm der Verdammten, schmecken die Tränen, lauschen den Seufzern der schuldlos Gerichteten, schuldlos Gemordeten, hingeben alles, was mein ist, alles, was mein noch werden könnte, letztes Gericht, letzten Lohn, letztes Wort der Gnade, bis innere Meeresstille mir den Erhabenen bringt.

GEISTERSTIMME:

Erst am Ende des Wollens gebiert sich die schützende Flamme.

DER DÄMON ALS HUND:

Was zwängt sich durch die Gewölbe? Hört ihr den silbernen Ruf?

GIRNARA:

So end' ich zu wollen und frage nur, zu welchem Opfer ich noch gefordert, zu welcher Sühne ich noch bestimmt, zu welcher Einsamkeit ich noch verurteilt bin.

GEISTERSTIMME:

Erst am Ende des Fragens beginnt das heilige Wissen.

DER DÄMON ALS FLEDERMAUS:

Was zwängt sich durch die Gewölbe? Seht ihr den Scharlachschein?

GIRNARA:

So end' ich zu warten und harre auf süßeres Dasein, leibesledig und stumm.

GEISTERSTIMME:

Erst am Ende des Harrens erfüllt sich die höhere Sendung.

DER DÄMON MIT DEM SPIEGEL:

Was zwängt sich durch die Gewölbe? Spürt ihr den weltlosen Hauch?

GIRNARA:

So ruh' ich in gläubiger Ruhe, nicht wollend, nicht fragend, nicht harrend.

GEISTERSTIMME:

Ruhe in gläubiger Ruhe, mit all deinen Sinnen bereit.

DER DÄMON ALS HUND:

Mit Scharlach färbt sich die Kuppel, es färbt sich der Estrich, ihr Brüder, entflieht!

DER DÄMON ALS FLEDERMAUS:

Es zittern die Quadern, gebietende Flamme steigt auf, ihr Brüder, entflieht!

DER DÄMON MIT DEM SPIEGEL:

Ich seh' ihn nahen, den Leiter der Männerherde, den Meister der Götter und Menschen, ihr Brüder, entflieht!

DER DÄMON ALS HUND:

Es naht der Erwachte, naht der Erhab'ne, naht der Vollkommene!

DER DÄMON ALS FLEDERMAUS:

Es naht der Kenner der Welt, der Wissens- und Wandelsbewährte!

DER DÄMON MIT DEM SPIEGEL:

Es naht der Herrliche, der Siegreich-Vollendete kommt!

ALLE DREI:

Ihr Brüder, entflieht!

GEISTERSTIMME:

Die Unreinen meiden seine Bahn, die Schatten vergehen vor ihm.

STIMME DES PILGERS:

Fahr' ein zur inneren Meeresstille, Neubeseelte, Wiedergeborne!

GIRNARA:

O lasurfarbenes Haupt! Du bist in der Welt gegenwärtig, erscheinst sichtbar vor mir.

DER SIEGREICH-VOLLENDETE:

O Königstochter Girnara, ich weiß, daß deine Gedanken rein sind und von inniger Hochachtung beseelt.

GIRNARA:

O Antlitz unverhüllt! O ruhevolles Auge!

DER SIEGREICH-VOLLENDETE:

Dein Haupthaar ist sanft geworden in dieser Stunde, und gefärbt wie Lasur.

GIRNARA:

O golden strahlender Leib! Flammengegürtete Hüfte! Entzücken ist größer als Schmerz je war.

DER SIEGREICH-VOLLENDETE:

Deine Arme beben in neuer Wohlgestalt, deine Augen sind wie Sterne beim Aufgang.

GIRNARA:

In deiner ganzen Herrlichkeit zeig' dich mir, Erhabener, nur für eines Dankes Dauer, weil du da bist, weil die Welt dich besitzt.

DER SIEGREICH-VOLLENDETE:

Freudig bewegt, sei heiter; heiteren Herzens, sei schön am Leibe; schön am Leibe fühle Seligkeit, der Beseligten Gemüt wird einig.

GIRNARA:

Ich bin's und weiß es: des Beseligten Gemüt wird einig.

GEISTERSTIMME:

Das Schwanken hat er verworfen, der Ungewißheit ist er entronnen, er zweifelt nicht am Guten, vom Schwanken befreit er sein Herz.

GIRNARA:

Entschwindest du mir schon, Erhabener?

GEISTERSTIMME:

Des Beseligten Gemüt wird einig.

GIRNARA:

Entschwinde mir noch nicht, Seliger, der zu beseligen vermag.

DER SIEGREICH-VOLLENDETE:

Nimm an das Kleine, ans Geringe wende dich gern; und wenn du die Wege der Lastträger gehst, so beuge dich nieder und küsse ihre Spuren; und liebe; ohne Maß sollst du lieben; den, der neben dir keucht und den, der neben dir jauchzt, und den, der unterm nassen Mantel geht, und den, der auf goldener Stufe steht; und schaue; schau die vielen Dinge der Welt; liebe dein Auge, wenn es schaut, schau die Sterne, schau die Rinder; schau die Weisen, schau die Blumen; gib dich hin und du wirst sein; sei verloren und du bist schön: des Beseligten Gemüt wird einig.

GIRNARA:

Entschwunden ist er mir. Die Irdischen kommen, die Irdischen öffnen das Tor.

STIMME DES PILGERS:

Anders ist das Leben, anders der Leib. Heil dir, Siegreich-Vollendeter!

DIE ALTE DIENERIN:

Fremde Ritter haben das Tor geöffnet.

GIRNARA:

Dort ist Glanz gewesen, dort war Licht.

DIE ALTE DIENERIN:

Gnade, Prinzessin, wie bist du schön! Herrliche, wie bist du schön!

DER ERSTE RITTER:

Heb' empor die Fackel! Finster ist's im Zimmer der Prinzessin.

DER ZWEITE RITTER:

Mir bangt vor unserm Tun, unbesonnen scheint mir's und strafwürdig.

DIE JUNGE DIENERIN:

Die Herrin ist schön! Unfaßlicher Zauber hat sich begeben.

DER ERSTE RITTER:

Siehe, sie ist schön! Verborgen ward sie den Menschen, weil sie so schön ist.

STIMME DES TORWARTS:

Verbrechen geschah! Fremde Ritter haben das Tor geöffnet.

DER ZWEITE RITTER:

Sie ist schöner als die Schönsten des Landes. In ihrem Antlitz ist die Seele der Engel.

DER HÖFLING:

Was habt ihr getan, Unsinnige, das verbotene Gewölbe betreten!

GIRNARA:

Kommt mein Gemahl denn nicht, um mich zum Feste zu holen?

DER ERSTE RITTER:

Deine Schönheit, Herrin, ist wie die seltenste Blüte im Mangohag.

GIRNARA:

Kommt mein Gemahl nicht bald, mich liebreich zu begrüßen?

WÜRDENTRÄGER:

Verbrechen geschah? Wer frevelte wider des Königs Gebot?

SIHOS STIMME:

Wahrer Traum beginnt. Licht schwillt auf.

STIMMEN:

Weh uns! Weh uns!

GIRNARA:

Nahet nicht mein Gemahl? Soll ich nicht Schmuck anlegen für ihn?

STIMMEN:

Heil uns! Heil uns!

STIMMEN DER DREI DIENERINNEN:

Ein Wunder hat sich begeben, unfaßliches Wunder im Hause.

DER ERSTE RITTER:

Ich beuge mich, Herrin, vor dir, ich beuge mich vor deiner Schönheit.

DER ZWEITE RITTER:

Du bist im holdesten Schmuck, Herrin, wenn du gehst, wenn du blickst.

WÜRDENTRÄGER:

Herrlich schön ist die Herrin! Ein Bote eile zum König!

SCHÖNE DAME:

Ist es wahr, die Prinzessin ist schöner als die Schönsten des Landes?

SIHO:

Strahl der Ahnung, wiesest du mir den richtigen Weg?

STIMMEN:

Heil uns! Heil uns! Ein Wunder hat sich begeben!

GIRNARA:

Bist du gekommen, mein Herr? Ist deine Stirne entwölkt?

HÖFLING:

Mit rosigem Flor bedecken sich die Gewölbe, blühender Glanz umflutet die Kuppel.

WÜRDENTRÄGER:

Herein ihr alle mit Fackeln und Lampen, daß Überfülle des Lichtes wird!

SIHO:

Nieder zur Erde, Wunderbare, vor dir, mit der sich Wunder begab!

WÜRDENTRÄGER:

Herein, ihr alle, bewillkommt die Herrin. Nieder zur Erde, die Köpfe geneigt!

STIMMEN:

Heil uns! Heil uns! Der König! Der Herr!

HÖFLING:

Die Drommeten verkünden die Ankunft des Königs, dreiunddreißig Drommeten!

WÜRDENTRÄGER:

Nieder zur Erde, die Köpfe geneigt!

DER KÖNIG:

Boten riefen mich her, Unglaubhaftes raunten sie mir in den quälenden Schlummer.

SIHO:

Sie ist wie eine Göttin, Herr, wie die seltenste Blume im Mangohag.

GIRNARA:

Göttin bin ich mit nichten; Mensch und diene den Menschen. Blume nicht: Leib, der der Liebe gehorcht.

DER KÖNIG:

Du warst ein Schrecken und Fluchbild sterblichen Augen: Wie bist du schön geworden?

GIRNARA:

Der Siegreich-Vollendete hat sich mir gezeigt.

DER KÖNIG:

So ist er herabgekommen, der Göttliche, und hat Freude geschenkt?

STIMME DES PILGERS:

Fern zieht er hin, der Siegreich-Vollendete, entraten der Paarung, fern dem gemeinen Gesetze.

DER KÖNIG:

So ist er herabgekommen, der Sanfte, zu lösen verjährten Fluch, die bereute Untat zu nehmen vom quälenden Schlummer, auszugleichen das Übel und Freude zu schenken, das Böse zu heben von der wissenden Seele?

DER PILGER:

Des Beseligten Gemüt wird einig.

SIHO:

Hebe mich empor zu dir, Gewordene; berührend weihe den dir Gewordenen.

STIMMEN ALLER:

Hebe ihn zu dir empor, Gewordene, berührend weihe den dir Gewordenen. Des Beseligten Gemüt wird einig.
